18 Mai 1896.

P

VENTE

Après le décès de Mme veuve C***

MOBILIER ARTISTIQUE

Ancien et de Style

BRONZES, SCULPTURES, CURIOSITÉS

Tapisseries, Tableaux

ARGENTERIE, LIVRES

VINS

En son Hôtel

5, RUE DUMONT-D'URVILLE, 5

Les Lundi 18, Mardi 19, Mercredi 20 et Jeudi 21 Mai 1896

A DEUX HEURES PRÉCISES

Me Henri OUDARD, COMMISSAIRE-PRISEUR
Rue des Pyramides, 18

ASSISTÉ

De **M. B. LASQUIN,** Expert
RUE LAFFITTE, 12

Et de **M. GUISLES,** Libraire
RUE DE L'ÉPERON, 7

Paris — 1896

NOTA. — L'Hôtel sera vendu ultérieurement au Tribunal civil.

IMPRIMERIE MAULDE ET RENOU

MAULDE, DOUMENC & Cie

IMPRIMEURS DE LA COMPAGNIE DES COMMISSAIRES-PRISEURS

Rue de Rivoli, 144. — Paris

CATALOGUE

DE

MOBILIER ARTISTIQUE

ANCIEN ET DE STYLE

Sièges Louis XV et Louis XVI
Fauteuils garnis d'ancienne tapisserie, Commodes, Secrétaires
Encoignures, Tables en marqueterie, ornés de bronzes
Consoles en bois sculpté
Meubles Renaissance et de style. Meubles incrustés. Paravents, Glaces
Cartel, Pendules Louis XVI, Appliques
Flambeaux, Garniture de cheminée Empire, Boiserie Louis XVI

BRONZES D'ART, SCULPTURES EN MARBRE

Objets de vitrine Curiosités, Faïences et Porcelaines

23 KILOGS D'ARGENTERIE, PLAQUÉ

Tapisseries anciennes, Étoffes, Soieries

TABLEAUX ET AQUARELLES

Peintures décoratives par H. ROBERT et par PASINI

LIVRES

Rideaux — Tapis — Literie, etc. — Vins fins

LINGE DE MAISON

DONT LA VENTE AURA LIEU

Après le décès de Mme veuve C***

En vertu d'ordonnance

EN SON HOTEL

5, RUE DUMONT-D'URVILLE, 5

Les Lundi 18, Mardi 19, Mercredi 20 et Jeudi 21 Mai 1895

A DEUX HEURES PRÉCISES

Me Henri OUDARD, COMMISSAIRE-PRISEUR
Rue des Pyramides, 18

ASSISTÉ

Pour les Objets d'art	Pour les Livres
De **M. B. LASQUIN**, Expert	De **M. GUISLES**, Libraire
RUE LAFFITTE, 12	RUE DE L'ÉPERON, 7

CHEZ LESQUELS SE TROUVE LE PRÉSENT CATALOGUE

EXPOSITIONS

PARTICULIÈRE	PUBLIQUE
Le Samedi 16 Mai 1896	Le Dimanche 17 Mai 1896

DE UNE HEURE A SIX HEURES

N.-B. Le présent catalogue servira de Carte d'entrée à l'Exposition particulière

CONDITIONS DE LA VENTE

La vente sera faite au comptant.

Les Acquéreurs paieront CINQ POUR CENT en sus des adjudications.

ORDRE DES VACATIONS

Lundi 18 Mai 1896

LIVRES, OBJETS DE VITRINE, CURIOSITÉS, ARGENTERIE ET PLAQUÉ

Mardi 19 Mai

TABLEAUX, PORCELAINES, FAÏENCES, BRONZES, SCULPTURES
SIÈGES ANCIENS ET MODERNES

Mercredi 20 Mai

MEUBLES ANCIENS ET MODERNES, RIDEAUX, TAPISSERIES
TAPIS, ÉTOFFES

Jeudi 21 Mai

CUISINE, VAISSELLE, LINGE, VINS

MAULDE, DOUMENC et Cie, imprimeurs de la Cie des Commissaires-Priseurs
rue de Rivoli, 144. 1000—58484

DÉSIGNATION

AMEUBLEMENT

REZ-DE-CHAUSSÉE

VESTIBULE

1 — Bahut Henri II en noyer sculpté, offrant sur la face quatre pilastres balustres et un bas-relief représentant l'Amour sur un char.

2 — Banquette coffre à dossier en bois sculpté de style Renaissance, ornée de deux panneaux offrant des figures dans des rinceaux et des ornements.

3 — Lanterne hexagonale de style Renaissance, en fer forgé, disposée pour l'éclairage au gaz.

4 — Baromètre Louis XVI en bois sculpté et doré, à groupes de fruits et branches de palmiers.

5 — Deux Lampes en ancienne porcelaine du Japon.

6 — Une Lampe en faïence de Deck bleu turquoise.

7 — Partie de Boiserie de salon de l'époque Louis XVI en chêne sculpté, provenant d'un pavillon de l'ancien Hôtel de Soubise, rue des Francs-Bourgeois, à Paris. Elle est composée de deux dessus de portes offrant dans des médaillons ronds à nœuds de rubans, les attributs de l'Amour : flambeau, carquois, etc., dans une guirlande de roses. Deux trumeaux cintrés ornés de brûle-parfums et de guirlandes, avec moulures pour encadrements de glaces. Une frise de rinceaux en neuf parties. Un cadre de glace avec trumeau à couronne de fleurs et palmiers. *(Ce lot sera divisé.)*

N. B. — Le complément de cette boiserie a servi pour la décoration du salon du rez-de-chaussée.

GRAND SALON

8 — Grande Pendule Louis XVI en marbre blanc, marbre griotte et bronze ciselé et doré. Le cadran supporté par deux pilastres à consoles, rosaces et appliques devant lesquels les figures de Vénus et de Minerve debout. Le couronnement est formé par deux lions couchés, deux rinceaux et une sphère supportant un aigle. Socle à rang de perles et frise d'ornements.

9 — Deux Appliques à deux lumières de style Louis XVI en bronze ciselé et doré, modèle à branches de feuillages enlacées et retenues par des rubans.

10 — Deux Vases carrés en porcelaine de la Compagnie des Indes décorés de sujets, de figures et de branchages en relief, avec montures de style Louis XVI en bronze doré formant cassolettes.

11 — Deux grands Chenets du temps de l'Empire, formés de lions couchés en bronze patiné vert, sur

socles en bronze ciselé et doré ornés de mascarons têtes de Jupiter.

12 — Commode du temps de Louis XVI à deux tiroirs sur pieds élevés, de forme contournée, en bois de rose et de violette, marquetée à vase de fleurs et damiers avec encadrements à filets. Elle est garnie de chutes, de sabots et de poignées en bronze. Dessus de marbre à contours.

13 — Cabinet italien en bois d'ébène plaqué d'écaille, de nacre et d'ivoire gravé représentant des corbeilles de fleurs et des oiseaux. Le milieu forme tabernacle. Avec table support de même travail.

14 — Bureau plat de style Louis XVI à pieds carrés en bois d'acajou. La ceinture, contenant trois tiroirs, est ornée sur les deux faces de deux bas-reliefs jeux d'enfants et de quatre motifs à fleurs et rinceaux; les deux côtés présentent chacun un bas-relief sujets allégoriques de la peinture et de la sculpture, avec encadrements de moulures à rais de cœur.

15 — Petite Vitrine plate de forme ovale, style Louis XVI en bois sculpté et doré, à rinceaux de fleurs sur le pourtour et reposant sur quatre pieds fuselés et cannelés reliés par un X sculpté à piastres et enroulements.

16 — Deux petites Consoles Louis XVI forme arrondie en bois sculpté peint en blanc, la ceinture ajourée à rosaces, ornées de guirlandes de lauriers. Dessus de marbre.

17 — Petite Console Louis XVI forme arrondie en bois sculpté et peint en blanc, à ceinture de rosaces et guirlandes.

18 — Console Louis XVI de même forme que la précédente, mais d'ornementation variée.

19 — Petit Paravent à trois feuilles, de forme contournée, garni de soierie ancienne brochée à fleurs.

20 — Écran Louis XVI en bois sculpté, à piastres et rubans, peint en blanc et garni de soie moirée.

21 — Petite Table genre Louis XIV, en bois sculpté et laqué vert avec rehauts de dorure. Dessus de marbre brocatelle.

22 — Bergère Louis XVI à dossier carré, en bois sculpté et doré, garni d'ancienne tapisserie d'Aubusson à corbeilles de fleurs et rinceaux sur fond bleu avec bordure à fond vert d'eau.

23 — Fauteuil style Louis XVI en bois doré, à dossier carré contenant un médaillon ovale, garni d'ancienne tapisserie d'Aubusson, représentant des oiseaux aquatiques dans des médaillons entourés de guirlandes de fleurs.

24 — Canapé style Régence en bois finement sculpté et doré, garni de canne dorée. Il offre sur le devant et sur le dossier divers motifs de fleurs alternés par des enroulements.

25 — Chaise longue en trois parties, style Louis XVI, en bois sculpté et doré, à enroulements de rubans, rangs de piastres et cannelures, garni de soie ancienne à fleurettes et rayures sur fond jaune.

26 — Deux petites Marquises de l'époque Louis XVI, à dossier carré, en bois laqué blanc sculpté à enroulements de feuillages et rosaces, garnies de soierie ancienne rayures et fleurettes.

27 — Bergère style Louis XV, de forme contournée, avec dossier à oreilles en bois doré, garnie de soierie brochée à fleurs en couleur sur fond crème.

28 — Deux Fauteuils style Louis XVI, à dossier carré, en bois sculpté et doré, à rubans garnis de soierie brochée à fleurs.

29 — Huit Chaises légères en bois doré, garnies de soie brochée à fleurs, de dessins variés.

30 — Deux Fauteuils confortables capitonnés en lampas bleu clair.

31 — Deux Garnitures de fenêtres et une Tenture de baie, en soie bleu clair brochée avec lambrequins.

32 — Paravent à trois feuilles, à monture en bois doré, de style Louis XVI, avec garniture en soierie ancienne brochée à fleurs.

33 — Importante Garniture de cheminée du temps de l'Empire, en bronze et porphyre orbiculaire. Elle est composée d'une pendule représentant l'*Amour et Psyché*, en bronze patiné entourant le cadran placé sur un fût à cage en bronze doré, et de deux Candélabres formés chacun d'une figure de Renommée drapée, en bronze vert, supportant une couronne à cinq lumières. Ces figures sont debout sur socles carrés en bronze doré et porphyre orbiculaire.

34 — Lustre de style Louis XVI, à vingt-quatre lumières, en bronze doré garni de cristaux.

35 — Jardinière ronde, en porcelaine de Chine, décor bleu avec support en bois sculpté, de style chinois.

36 — Statuette de baigneuse, grandeur demi-nature, en marbre blanc. Signature N. B. L., 1858. Piédestal fût de colonne cannelée, en bois peint en blanc, à dessus de marbre bleu turquin.

37 — Statuette de Diane de Gabies, grandeur demi-nature en marbre blanc. Piédestal fût de colonne cannelée, en bois peint en blanc, à dessus de marbre bleu turquin.

38 — Haut Relief de forme rectangulaire en ivoire sculpté : combat de cavaliers romains.

39 — Nid d'Amours en marbre blanc sculpté.

FUMOIR

40 — Pendule style Louis XIV, en marqueterie d'écaille et de cuivre surmontée d'une figure de Renommée.

41 — Deux Lampes en faïence artistique avec montures en cuivre poli.

42 — Deux Chenets genre Louis XIII, en cuivre poli, à mascarons et dauphins.

43 — Grand Buffet cintré du haut, en acajou.

SALLE A MANGER

44 — Ameublement de salle à manger en noyer sculpté, de style Renaissance, comprenant : un Dressoir à étagère, une Table rectangulaire et quinze Chaises garnies de cuir.

45 — Table-Servante en noyer.

46 — Deux Consoles d'encoignures, style Louis XVI, en bois sculpté et peint en noir, à dessus de marbre bleu turquin.

47 — Suspension de salle à manger, style Renaissance, en cuivre poli, de *chez Gagneau.*

48 — Deux Appliques à trois lumières, style Louis XIV, en bronze.

49 — Deux grands Rideaux de fenêtre avec lambrequin en ancien damas rouge.

50-51 — Deux Plats en vieux Japon, de décors variés, en bleu rouge et or, et trois Plats à décor bleu à palmettes.

52 — Deux grands Cornets en porcelaine, à décor de style japonais, montés en bronze.

ESCALIER

53 — Deux Vases balustres en porcelaine de la Compagnie des Indes, décorés de sujets de figures.

54 — Deux Gaines carrées en chêne sculpté, à feuillages, rosaces et moulures.

55 — Tapis du vestibule et de l'escalier à dessin persan.

56 — Brasero supporté par trois faunes, bronze vert, d'après l'antique.

PALIER DU PREMIER ÉTAGE

57 — Lustre à trois lumières au gaz, en fer forgé, à dauphins et fleurons, genre Renaissance.

58 — Deux Portières en tapisserie moderne d'Aubusson, représentant des oiseaux aquatiques dans un paysage, avec bordure de fleurs.

59 — Quatre Chaises italiennes en bois noir incrusté d'ivoire gravé, à figures et ornenents de style Renaissance.

60 — Table de même travail que les chaises qui précèdent.

61 — Tapis de table en drap marron avec bande de tapisserie ancienne à fleurs.

62 — Cartel Louis XVI, en bronze ciselé et doré, modèle à consoles volutes, pommes de pin, guirlandes de feuilles de chêne, culs-de-lampe, à feuillages et surmonté d'un vase cassolette à deux anses mufles de lion.

63 — Deux Appliques Louis XVI à trois lumières en bronze ciselé et doré à rinceaux et guirlandes.

64 — Deux Lampes en porcelaine gros bleu avec montures en bronze doré.

GALERIE

65 — Petit Secrétaire Louis XV, en bois de rose et bois de violette marqueté, dessus de marbre.

66 — Bibliothèque à trois vantaux en bois noir, à moulures, ornée de deux colonnettes cannelées et d'un fronton cintré.

67 — Bureau Ministre et cartonnier en bois noir.

68 — Bureau Louis XV, de forme contournée, en bois de rose, ornée de bronzes et entouré d'un quart de rond en cuivre.

69 — Petit Coffre Renaissance, offrant trois médaillons bustes et quatre balustres, en chêne sculpté.

70 – Armoire ancienne à deux portes mi-vitrées, en bois de noyer marqueté, à filets.

71 — Petite Table genre Henri II, en noyer, à huit colonnettes cannelées.

72 — Deux Encoignures Louis XVI, ouvrant à une porte en bois de rose et de violette.

73 — Commode Louis XV, à contours, à trois rangs de tiroirs en bois satiné et bois de violette, garnie d'ornements de bronze. Dessus de marbre.

74 — Commode Louis XVI, à trois tiroirs en acajou, garnie de moulures de cuivre. Dessus de marbre.

75 — Chiffonnier Louis XVI, à sept tiroirs en acajou, à moulures de cuivre.

76 — Grande Table ronde Louis XVI, en acajou, à moulures de cuivre, supportée par dix pieds fuselés et cannelés.

77 — Encoignure Louis XV à contours et ouvrant à une porte en bois de rose marqueté, à bouquet de fleurs avec encadrement de bronze. Dessus de marbre brêche d'Alep.

78 — Support chinois carré, en bois de fer sculpté. Dessus de marbre.

79 — Fauteuil de bureau en bois noir, garni de maroquin.

80 — Quatre chaises en bois noir, sculptées, garnies de canne dorée.

81 — Un petit Fauteuil genre Louis XVI, garni de bronzes et recouverts de velours de Gênes.

82 — Chaise Chauffeuse, garnie de même étoffe.

83 — Un Canapé, Coussin et une Chaise longue en damas jaune.

84 — Deux Fauteuils en velours marron et un en velours rouge.

85 — Fauteuil américain garni de peluche rouge et d'une bande de tapisserie ancienne à groupes de fruits.

86 — Tabouret, style Louis XIII, en bois sculpté, garni de tapisserie verdure.

87 — Fauteuil Louis XIV, en noyer sculpté, garni de maroquin rouge.

88 — Deux Tabourets X, en acajou, du temps de l'Empire.

89 — Fauteuil prie-Dieu, genre Renaissance, en bois sculpté.

90 — Petit Siège à accotoirs, genre Henri II, garni de point de Hongrie.

91 — Sièges divers.

92 — Tapis en moquette fond rouge.

93 — Deux Rideaux de fenêtre en ancienne tapisserie d'Aubusson, représentant des paysages avec oiseaux aquatiques, entourés de bordures à fleurs, à feuillages et encadrés de velours rouge.

94 — Deux autres Rideaux de même tapisserie, ceux-ci sans bordure sur les côtés.

95 — Groupe en marbre blanc : *Bacchus et Arianne.*

96 — Groupe en marbre blanc : Femme drapée et un Chien.

97 — Fût de colonne, support en bois noir, à cannelures et garni de bronzes. Dessus de marbre.

98 — Gaine en bois noir.

99 — Deux Landiers en fer forgé.

100 — Deux Appliques à deux lumières en fer forgé, de style Renaissance.

CHAMBRE A COUCHER

101 — Pendule en bronze ciselé et doré dont le cadran est supporté par deux enfants faunes assis sur un socle présentant un sujet des Vendanges.

102 — Deux Lampes formées de vases ovoïdes en ancienne porcelaine du Japon, de belle qualité, à décor bleu, à lambrequins. Montures en bronze doré.

103 — Deux Vases gobelets en ancienne porcelaine du Japon, décor bleu à compartiment de fleurs et de paysages. Vases en bronze doré.

104 — Deux Chenets, genre Louis XIV, forme pyramides en bronze doré.

105 — Ameublement laqué à trois tons, de style Louis XVI, en bois sculpté, à colonnettes cannelées, guirlandes de lauriers et couronnes de roses. Il est composé de deux Lits jumeaux, d'une Armoire à glace et d'une Table de nuit.

106 — Six Fauteuils, de style Louis XVI, en bois laqué garnis de damas gris, perle.

107 — Deux Décors de fenêtres et Tentures de lit avec lambrequins en damas vert d'eau, orné de passementerie.

108 — Petit Secrétaire de l'époque Louis XV, en bois de rose et de violette, marqueté sur le devant, à tiges de fleurs. Dessus de marbre.

109 — Petite Console Louis XVI à côtés concaves en bois d'acajou, garnie de moulures et de galeries de cuivre. Dessus de marbre blanc.

110 — Table rectangulaire à deux petits volets, cintrés sur les côtés, style Louis XVI, en bois d'acajou à moulures de cuivre.

111 — Petite table tricoteuse, genre Louis XVI, en acajou, ornée de bronze.

112 — Table en bois noir incrustée d'ivoire, à filets et d'ornements, de style Renaissance.

113 — Tapis en moquette à dessin persan.

114 — Petit Miroir ovale en porcelaine de Saxe.

CABINET DE TOILETTE

115 — Pendule du temps de l'Empire, en bronze patiné et bronze doré, surmontée d'une figure de Narcisse se mirant dans une source et offrant sur les côtés deux fontaines à mascarons, et deux figures de danaïdes; sur le socle des tritons et des chevaux marins.

116 — Deux flambeaux, style Louis XV, en bronze doré.

117 — Petite Galerie de foyer genre Louis XIII.

118 — Bureau dit Bonheur-du-Jour, genre Louis XVI, en bois amarante érable, citronnier, couvert d'un réseau de marqueterie et garni de bronzes. Il ouvre à abattant et le haut a deux portes et deux tiroirs.

119 — Commode Louis XV, à trois rangs de tiroirs, en bois satiné et de violette, ornée de bronzes et à dessus de marbre.

120 — Chaise longue Louis XV en noyer, foncée de canne et garnie d'un coussin de soierie ancienne fond rose.

121 — Table de nuit carrée en acajou à cannelures de cuivre.

122 — Autre table avec porte à coulisse.

123 — Coffret à bijoux en ébène orné d'émail cloisonné et de bronze doré. Style grec.

124 — Petite Pendule Louis XVI, en bronze doré et marbre blanc, représentant le sujet allégorique de

l'Amour et de l'Amitié. Socle orné d'une frise à jeux d'enfants.

125 — Deux Chenets genre Louis XVI, en bronze doré, modèle à vases cassolettes.

126 — Deux petites Girandoles à deux lumières, style Louis XVI, en bronze doré, sur fûts cannelés, à guirlandes.

127 — Deux Flambeaux Empire, en cuivre doré.

128 Deux Flambeaux formés chacun d'une figure de Bacchante, en bronze doré.

129 — Deux Statuettes : Mendiants italiens, en terre cuite peinte.

130 — Deux petites Consoles Louis XVI, en bois sculpté, à guirlandes.

131 — Armoire à glace en palissandre.

132 — Toilette en chêne à dessus de marbre, surmontée d'une glace.

133 — Petit Guéridon Louis XVI, à trépied, en acajou et dessus de marbre blanc.

134 — Coffre-fort de P. Haffner.

135 — Bassin en faïence de Deck, à dessin de style persan.

136 — Pot ovoïde en ancienne porcelaine du Japon, décor bleu, à arbustes, oiseaux et rochers.

137 — Flacon carré en porcelaine du Japon, décor bleu.

138 — Trois plats en porcelaine moderne du Japon.

CHAMBRES DU DEUXIÈME ÉTAGE

139 — Pendule en forme de sphère autour de laquelle voltigent deux Amours et deux Colombes, socle ovale à gorge, rinceaux et tore de laurier.

140 — Deux Candélabres de même style, formés chacun d'une figure d'Amour assis, supportant huit lumières.

141 — Deux Chenets de même style.

142 — Deux Bibliothèques à deux corps en palissandre, l'une forme bureau.

143 — Lit et Armoire à glace en palissandre.

144 — Canapé, deux Fauteuils genre Louis XV en palissandre et tapisserie à la main.

145 Deux Fautenils confortables en tapisserie à la main.

146 — Une Chaise longue, un Fauteuil et une Chaise garnie en velours vert frappé.

147 — Table en bois de rose marquetée à damier.

148 — Table à jouer en palissandre.

149 — Meuble Scriban ouvrant et abattant et surmonté d'une vitrine en bois noir incrusté d'ivoire et sujets et ornements de style Renaissance.

150 — Bureau plat Louis XVI, en acajou, à pieds cannelés et moulures de bronze.

151 — Petite Table Louis XVI, en acajou, à moulures et cannelures de cuivre.

152 — Table à ouvrage Louis XVI, de forme ovale, en bois de rose, marqueté. Le dessus entouré d'une galerie de cuivre.

153 — Fauteuil de style Louis XIV, en noyer sculpté, garni de cuir.

154 — Deux Fauteuils ovales genre Louis XVI, en bois noir sculpté, garnis de canne dorée et d'un coussin de soie.

155 — Fauteuil Louis XVI, en bois sculpté, garni de soierie ancienne brochée à larges fleurs et feuillages.

156 — Table, forme contournée, en bois noir incrusté de cuivre et de nacre.

157 — Métier à dentelle, en bois noir, à rehauts de dorure.

158 — Pendule de style Louis XVI, représentant une Nymphe et un Amour avec attributs, en bronze doré, socle en marbre griotte avec frise et rosaces, contre-socle en marbre blanc.

159 — Deux Chenets, à figures d'enfants couchés, en bronze doré.

160 — Pendule et deux Candélabres à cinq lumières, en bronze doré et marbre blanc; la pendule sur-

montée de deux enfants bacchants, les candélabres formés de vases.

161 — Deux Girandoles style Louis XV, à trois lumières, en bronze argenté.

162 — Quatre paires de Flambeaux divers.

163 — Corbeille octogonale, en porcelaine de Saxe, décorée de fleurs.

164 — Vase Cache-Pot en ancienne porcelaine de Chine, décor émaillé en vert, bleu, rouge et jaune.

165 — Deux Vases en porcelaine de Canton.

166 — Vase à fleurs en barbotine, décor de Castex.

167 — Petit Guéridon, en porcelaine de Canton, sur pied en bronze.

168 — Pendule en marbre griotte, surmontée d'un buste de femme en bronze argenté.

169 — Glace dans un cadre en bois doré.

170 — Petite Console Louis XV, en bois doré.

171 — Deux Tables de nuit ovales en acajou, à dessus de marbre blanc.

172 — Portière portugaise en satin jaune brodé de soie et de fils métalliques à rinceaux et offrant deux aigles couronnés au centre.

173 — Grand Coussin en soierie ancienne.

174-178 — Diverses Étoffes anciennes, Soieries de nuances et de dessins variés.

179 — Deux Carpettes persanes.

180 — Divers Tapis en moquette.

181 — Lingerie. — Trois Armoires à linge, Armoire-Garderobe, à trois portes, en chêne ciré.

VAISSELLE ET VERRERIE

182 — Plusieurs Services en porcelaine et faïence. — Services de verrerie en cristal.

ARGENTERIE

183 — Environ 23 kilogrammes. Un Sucrier, une Théière, un Pot à Lait, une Cafetière, une Poivrière, un Coquetier, deux Plats creux, un Plat plat, deux Porte-cure-dents, vingt-quatre Cuillères, trente-six Fourchettes, huit Pelles sel, deux Pelles Moutarde, vingt-quatre Cuillères et dix-huit Fourchettes, entremets, vingt-quatre Cuillères à café, une Louche, deux Cuillères à sucre, une cuillère à sauce, quatre Cuillères à compote, une Pince à sucre, quatre pièces Hors-d'œuvre, une Truelle poisson, vingt-quatre Couteaux lame argent, manche nacre, un Service à découper, trente grands Couteaux, vingt-quatre petits lame acier, manche nacre, huit

Salières, deux Moutardiers, deux Chocolatiers, Passe-Thé, Cuillères à sucre et sauce, un Coquetier, trois Cuillers Moutarde, quatre Pelles à sel, douze Cuillères, dix-huit Fourchettes, douze Cuillères et six Fourchettes d'entremets, quinze petites Cuillères, trois Brochettes, six Fourchettes à huître, deux pièces Hors-d'œuvre, manche nacre, deux Passe-Thés, lame argent, dix-sept couteaux lame acier, douze Couteaux lame argent, manche nacre, deux bouts de Table, quatre Salières, deux Moutardiers, un Plat long, un Plat creux, un Plat plat, une cafetière, un Huilier, un Nécessaire de voyage, sac cuir jaune, flacon cristal, monture argent doré avec jeu de brosse ivoire.

PLAQUE

Samovar, Plateaux, Tasse et Soucoupe, Théières, Réchaud.

Plusieurs services en faïence, porcelaine, verrerie, cuivre.

Linge de Maison, Draps, Serviettes, Nappes, Rideaux, etc.

OBJETS DE VITRINE, CURIOSITÉS

PETITS BRONZES, PORCELAINES, FAIENCES

184 — Montre Louis XVI, en or ciselé avec émail fond rose, cadran entouré de jargons.

185 — Petite Montre Louis XVI, forme coquille, en or émaillé bleu avec perles.

186 — Tabatière en écaille, le couvercle contenant une Montre.

187 — Miniature Louis XVI, forme ronde, jeune garçon présentant un portrait d'homme.

188 — Boîte ronde en écaille blonde avec miniature, portrait d'homme de l'époque de la Révolution.

189 — Mosaïque de Rome représentant les cascatelles de Tivoli.

190 — Fixé de forme ronde, scène de chevalerie.

191 — Fixé : *Fête de Village*, d'après TÉNIERS.

192 — Deux Fixés dans des cadres en bronze : *La Veillée*, *intérieur de Couvent*.

193 — Bronze de E. GUILBERT : *la Correction*. THIÉBAUT, frères, fondeurs.

194 — Statuette de Silène, bronze d'après l'antique.

195-197 — Trois Statuettes en bronze ancien d'après l'antique : Vénus, Bacchus et Éphèbe, sur socles en albâtre.

198 — Faisan en bronze de Barye patine médaille ancienne épreuve.

199 — Petit Groupe en bronze : *Au diable les leçons!*

200 — Brûle-Parfum en bronze japonais formé d'un mulet.

201 — Groupe en bronze japonais : personnage monté sur un colimaçon.

202 — Deux Statuettes des Duellisfes Henri III, bronze argenté de Guillemin.

203 — Encrier et Bougeoirs dragons en cuivre poli.

204 — Deux Brûle-Parfums, formes de pagodes supportées par des éléphants bronze du Japon.

205 — Petit Vase sphérique en émail cloisonné de Barbedienne, à couvercle et pied en bronze doré.

206 — Porte-Allumettes en émail cloisonné de Barbedienne, fond turquoise, à deux anses, têtes d'éléphants.

207 — Lot de Jetons et Médailles.

208 — Petite Coupe ancienne en argent repoussé, à bossages avec médaille au fond.

209 — Petite Chope en argent repoussé, représentant un paysage.

210 — Coupe en verre avec couvercle en argent repoussé, à ornements rocaille.

211 — Petit Panier en cristal, avec anse en vermeil.

212 — Crucifix en ivoire dans un cadre en palissandre.

213 — Crucifix en ivoire dans un cadre en bois noir.

214 — Groupe en ancienne porcelaine de Saxe: Ménagère et Marchand de volailles.

215 — Groupe en porcelaine de Saxe : Allégorie de la Géographie.

216 — Deux Figures d'Homme et de Femme, présentant des fleurs et des fruits, ancienne porcelaine d'Allemagne.

217 — Deux petits Groupes en blanc de Saxe : Enfants tritons et une figure d'Amour en porcelaine allemande.

218 — Deux Cornets en ancienne porcelaine de Chine émaillée en couleurs, montures en bronze.

219 — Petite Garniture de cinq pièces : Potiches et Cornets en vieux Chine.

220 — Soupière ovale en porcelaine de Saxe, avec monture en bronze doré, genre Louis XVI.

221 — Coupe ovale en cristal avec montures à branchages en bronze.

222 — Tableau en ancienne porcelaine de Saxe, représentant une vue de Dresde.

223 — Boîtes en émail cloisonné de Chine.

224 — Deux petits Vases ovoïdes en porcelaine tendre, fond gros bleu, à médaillons de fleurs et d'oiseaux encadrés d'ornements dorés, avec montures en bronze doré à figures d'enfants.

225 — Divers Objets en porcelaine de Chine, du Japon et de l'Inde : Théières, Plateaux, etc.

226 — Assiettes en ancienne porcelaine de Chine et de la Compagnie des Indes.

227 — Deux grandes Figures de Jardinier et Jardinière, en Saxe moderne.

228 — Fontaine en ancienne faïence de Rouen ou de Sinceny : Bacchus à califourchon sur un tonneau, supporté par quatre lions assis.

2 — Porte-Bouquet, forme éventail, en faïence de Delft, décor polychrome.

230 — Bouteille en faïence de Delft, décor bleu.

231 — Diverses Pièces en faïence : Soupière, Vases, Plateaux, etc.

232 — Vase côtelé en ancienne porcelaine de Chine, décoré d'arbustes, fleurs ou émaux de couleurs rehaussés de dorure, monture en bronze doré.

233 — Petit Vase en ancienne porcelaine de Saxe, monté en bronze.

234 — Vase en porcelaine Empire dorée à sujet : Pierrot et Arlequin.

235 — Tasse en porcelaine de Sèvres, gros bleu.

236 — Vase en faïence, d'Auguste DELAHERCHE.

237 — Diverses Pièces : Vases et Coupes en verrerie artistique.

238 — Petits Groupes et Figurines en terre cuite, de Graillon, de Dieppe.

239 — Divers Objets d'étagère, en bronze et bois sculpté : Couteaux, Presse-Papiers, Chien en marbre, etc.

240 — Collection de trente-huit Médailles en bronze : Cathédrales et Monuments.

TABLEAUX ET AQUARELLES

241 — **Aligny.** Jésus et la Samaritaine.

242 — **Brun** (Signé). Le Vœu à saint Nicolas.

243 — **Amélie Cogniet.** Atelier d'artiste. Le vieillard posant en modèle.

244 — **Grenier.** Famille italienne.

245 — **Griffier.** Vue des bords du Rhin.

246 — **Hubert Robert.** Paysage d'Italie. Toile décorative marouflée *garnissant un panneau du grand salon.*

1025

247-249 — **Hubert Robert** (Attribué à). Paysages avec figures et bestiaux. Trois toiles décoratives marouflées garnissant trois panneaux du grand salon.

250 — **Lagny**. Intérieur flamand.

251 — **Largillière** (École de). Portrait de Femme tenant un bouquet de lys.

252 — **Metzu** (D'après). Le Marchand de volailles. Peinture sur porcelaine.

253 — **Mignard** (École de). Portrait de jeune Femme en buste, corsage rose brodé. Ovale.

254 — **Noterman.** Deux Chiens près d'une fontaine.

255 — **Noterman**. Convoitise. Griffon et Terrier.

256-257 — **Pasini**. Convoi de Circassiens dans une montagne : la montée, la descente.

258 — **Pasini.** Barque sur le Nil.

259 — **Pasini.** Escorte d'un Pacha. Effet de nuit.

260 — **Van Pol.** Pêche, Raisin et Melon.

261-262 — **Raggio** (G.). Attelage de bœufs.— Cavalier. Deux aquarelles.

263 — **Senave** (Signé). Intérieur de sellier; ustensiles sur une brouette.

264 — **Slingeland**. Nature morte : Tonneau, Vase de cuivre, Pot, Lanterne, Hotte et divers ustensiles groupés à terre.

265 — **Tannay** (Genre de). Fête de village.

266 — **Téniers** (D'après). Noce de village.

267 — **Téniers** (D'après). Fumeur et Servante d'auberge.

268 — **Tesson.** Laveuse et Enfant dans une cour.

269 — **Vallon.** Les Fiancés. (Deux pendants.)

270 — **Wouwermann** (D'après). La route du Marché.

271-272 — **École italienne.** Vue de Dresde. — Ruines romaines.

273 — **École flamande** (XVIe siècle). Diptyque [illegible] le Christ en croix, saint Jean et les Saintes Femmes. 2e volet : Trois Anges.

274 — **École flamande.** L'Alchimiste. — Les Forgerons. Deux pendants.

275 — **École hollandaise.** Portrait d'un vieillard en buste.

276 — **Th.** (Signé L.). Coq et Poules.

277 — **Bme** (Signé). Voltigeur en Afrique.

278 — **X...** Bestiaux au bord d'un canal. Peinture sur porcelaine.

279 — **X...** Singe devant un sucrier.

280 — Tableaux non catalogués.

LIVRES

281 — *Vie et mystère de la Vierge Marie.* In-fol illust. rel. maroq.

Le Maout. *Le Jardin des Plantes.* 2 vol. gr. in-8, demi-rel. chag. vert.

Eyries et **Perret.** *Les Châteaux historiques de France.* 2 vol. in-4, demi-rel., dos et coins maroq. rouge, n. rog.

Collection de la *Vie parisienne.* 20 vol. in-4, demi-chag. rouge.

Recueil de caricatures et charges. 15 vol. in-fol. demi-rel. chag. rouge.

Louvet de Couvray. *Faublas.* 4 vol.

Molière. Œuvres complètes. Paris, Imprimerie nationale. 5 vol. in-4, rel. veau, n. rog.

Augier. Théâtre. 6 vol. in-12, demi-rel. chag. rouge.

Labiche. Théâtre. 10 vol. in-12, demi-rel. chag. rouge.

Voltaire. Œuvres complètes. Édit. de 1785, avec grav. de Moreau, 74 vol. rel. maroq., dent. tr. dor., superbe exemplaire.

Chateaubriand. Œuvres complètes. 22 vol. in-8, cart.

Littré. Dictionnaire de la langue française. 4 vol. in-4, demi-rel. chag.

Gambetta. Discours. 11 vol. in-8, demi-rel. chag. rouge.

Barante. *Histoire des Ducsde Bourgogne.* 12 vol. in-8, demi-rel. chag.

Mémoires du Duc de Saint-Simon. Paris, Hachette, 20 vol. in-8, demi-rel. chag. bleu, n. rog.

Thiers. *Révolution française.* 10 vol. in-8, demi-rel. chag.

Thiers. *Histoire du Consulat et de l'Empire.* 20 vol. demi-rel. chag.

Sainte-Beuve. *Causeries du Lundi.* 15 vol. in-12, demi-rel. chag.

600 volumes. Ouvrages illustrés d'histoire et de littérature. Œuvres de Lesage, Victor Hugo, Lamartine, Alfred de Musset, Théophile Gauthier, Champfleury, de Goncourt, Zola, etc., etc. (*Ce numéro sera divisé.*)

CAVE

1,100 Bouteilles de vin rouge et blanc.

550 Bouteilles de vins fins : Chambertin, Pomard, Château-Margaux, Champagne, Eau-de-vie, Kirsch, etc.

9 Casiers en fer, Bouteilles vides.

IMPRIMERIE MAULDE, DOUMENC ET Cie

144, RUE DE RIVOLI. — PARIS

www.ingramcontent.com/pod-product-compliance
Lightning Source LLC
LaVergne TN
LVHW010009230826
846092LV00002B/727

* 9 7 8 2 3 2 9 5 4 1 3 5 8 *